BÄUME

SINNBILDER DES LEBENS

Mit Fotografien von Florian Werner

HERDER

FREIBURG · BASEL · WIEN

Natur

Wir müssen nur die Bäume pflanzen,
die Natur wird dann die farbigen Behänge finden.
... Lasst uns Weiden für den Frühling haben,
Ulmen für den Sommer, Ahorn und Nussbaum
für den Herbst, Immergrün für den Winter
und Eichen für alle Jahreszeiten.

Henry D. Thoreau

Ursprung

Die Kraft des Gedankens ist unsichtbar wie der Same,
aus dem ein riesiger Baum erwächst; sie ist aber der Ursprung
für die sichtbaren Veränderungen im Leben der Menschen.

Leo Tolstoi

Kostbar

Mit den kostbarsten Eigenschaften des Menschen verhält
es sich wie mit zarten Fruchtblüten – nur wenn man ganz
vorsichtig mit ihnen umgeht, bleiben sie erhalten.
Und doch behandeln wir weder uns noch die anderen
so zartfühlend, wie es nötig wäre.

Henry D. Thoreau

Dankbar

Mein erster Gedanke, wenn ich aufwache, ist Dankbarkeit.
Ich schaue nach draußen. Der ganze Schauplatz ist wieder
da, die ganze schöne Bühne, auf der ich leben darf:
die Luft, die Wolken, die Bäume, die Wege und das Land,
die Blumen und die Vögel und so viel Sonne.

Phil Bosmans

Ruhe

Geh in den Wald! Da ist es Frühling. Da warten Bäume auf dich.
Herrliche Bäume, die schweigend von der Stille zehren
und von dem Saft, der bis in die letzten Zweigspitzen steigt.
Da singen die Vögel für dich. Da ist Ruhe, unsagbarer Frieden.

Phil Bosmans

Ewigkeit

Wachsen ist das Gefühl,
dass das Uranfänglichste
zu seinem Ursprung
in die Ewigkeit dringt.

Bettina von Arnim

Himmel

Aber ihr, ihr Herrlichen! steht, wie ein Volk von Titanen
in der zahmeren Welt und gehört nur euch und dem Himmel,
der euch nährt' und erzog, und der Erde, die euch geboren.

Keiner von euch ist noch in die Schule der Menschen gegangen,
und ihr drängt euch fröhlich und frei, aus der kräftigen Wurzel,
untereinander herauf und ergreift, wie der Adler die Beute,
mit gewaltigem Arme den Raum, und gegen die Wolken
ist euch heiter und groß die sonnige Krone gerichtet.

Eine Welt ist jeder von euch, wie die Sterne des Himmels
lebt ihr, jeder ein Gott, in freiem Bunde zusammen.

Friedrich Hölderlin

Zeit

Die Allee

Ich liebe die graden Alleen
mit ihrer stolzen Flucht,
ich meine, sie münden zu sehen
in blauer Himmelsbucht.

Ich bin sie im Flug zu Ende
und land' in der Ewigkeit.
Wie eine leise Legende
verklingt in mir die Zeit.

Mein Flügel atmet Weiten,
die Menschenkraft nicht kennt:
Groß aus Unendlichkeiten
flammt furchtbar das Firmament.

Christian Morgenstern

Kraft

Es gibt keinen Anfang und kein Ende
in diesem unergründlichen, unaufhörlichen
Weben Gottes, sondern nur eine Kraft,
die in ewigem Kreislauf immer wieder zu sich
selbst zurückkehrt. Darin gleicht die Natur dem Geist
des Menschen, der in seiner Vollkommenheit und
Grenzenlosigkeit ebenfalls weder Beginn noch Ende hat.

Ralph Waldo Emerson

Leben

Ich zog in die Wälder, um bewusst zu leben, um mich nur mit den wesentlichen Dingen des Lebens auseinander zu setzen. Und ich wollte sehen, ob ich nicht das lernen konnte, was das Leben zu lehren hatte, anstatt in der Stunde des Todes zu entdecken, dass ich nicht gelebt hatte.

Henry D. Thoreau

Zufrieden

Es gibt nur ein Mittel, sich wohl zu fühlen:
Man muss lernen, mit dem Gegebenen zufrieden zu sein,
und nicht immer das verlangen, was gerade fehlt.

Theodor Fontane

Rauschen

Im Sommer

O komm mit mir aus dem Gewühl der Menge
aus Rauch und Qualm und tobendem Gedränge,
zum stillen Wald,
dort wo die Wipfel sanfte Grüße tauschen,
und aus der Zweige sanft bewegtem Rauschen
ein Liedchen schallt ...

Dort lass uns lauschen auf der Quelle Tropfen
und auf der Spechte weit entferntes Klopfen
mit uns allein.
Dort wollen wir die laute Welt vergessen,
an unsrem Herzschlag nur die Stunden messen
und glücklich sein!

Heinrich Seidel

Golden

Heute blieb ich unterwegs plötzlich stehen, um die Bäume zu bewundern, die einfach wachsen, ohne sich um die Zeitumstände zu kümmern. Sie warten nicht, wie es die Menschen tun.
Jetzt und immer ist das goldene Zeitalter der jungen Bäumchen: Erde, Luft, Sonne und Regen genügen ihnen vollauf.

Henry D. Thoreau

Lösen

Herbstbild

Dies ist ein Herbsttag, wie ich keinen sah!
Die Luft ist still, als atmete man kaum,
und dennoch fallen raschelnd, fern und nah,
die schönsten Früchte ab von jedem Baum.

O stört sie nicht, die Feier der Natur!
Dies ist die Lese, die sie selber hält,
denn heute löst sich von den Zweigen nur,
was vor dem milden Strahl der Sonne fällt.

Friedrich Hebbel

Stärke

Betrachte jeden Baum und merke,
auf jedem Baum ist jedes Blatt
ein Blatt von einem Buch,
darin der Herr der Stärke
die Schöpfung aufgezeichnet hat.

Sadi

Stille

Wenn herrliche, dunstige, stille Farben
den Abendhimmel bedecken,
wenn Milde, Fülle, Ruhe sich in den
Leib ergießen wie frischere, sanftere Luft,
wenn die Tage in milderem Licht
erscheinen und der Apfel endlich vollrund
und gereift lässig im Baume hängt,
dann kommen die trächtigen, stillsten,
glücklichsten Tage von allen!
Die gedankentiefen, seligen, friedlichen Tage!

Walt Whitman

Schicksal

An die Bäume im Winter

Gute Bäume, die ihr die starr entblätterten Arme
reckt zum Himmel und fleht wieder den Frühling herab!
Ach, ihr müsst noch harren, ihr armen Söhne der Erde,
manche stürmige Nacht, manchen erstarrenden Tag!
Aber dann kommt wieder die Sonne mit grünendem Frühling
euch; nur kehret auch mir Frühling und Sonne zurück?
Harr geduldig, Herz, und birg in die Wurzel den Saft dir!
Unvermutet vielleicht treibt ihn das Schicksal empor.

Johann Gottfried Herder

Reichtum

So kommt es, dass die meisten Menschen gar nicht wissen, wie schön die Welt ist und wie viel Pracht in den kleinsten Dingen, in irgendeiner Blume, einem Stein, einer Baumrinde oder einem Birkenblatt sich offenbart. Die erwachsenen Menschen, die Geschäfte und Sorgen haben und sich mit lauter Kleinigkeiten quälen, verlieren allmählich ganz den Blick für diese Reichtümer, welche die Kinder, wenn sie aufmerksam und gut sind, bald bemerken und mit dem ganzen Herzen lieben.

Rainer Maria Rilke

Wachsen

Ich lebe mein Leben in wachsenden Ringen,
die sich über die Dinge ziehn.
Ich werde den letzten vielleicht nicht vollbringen,
aber versuchen will ich ihn.
Ich kreise um Gott, um den uralten Turm,
und ich kreise jahrtausendelang; und ich weiß noch nicht:
Bin ich ein Falke, ein Sturm oder ein großer Gesang.

Rainer Maria Rilke

Schutz

Als ich heute früh erwachte, sah ich, dass es schneite.
Der Boden war schneebedeckt, ganz unerwartet.
Der starke Nordwestwind bläst den Schnee fast waagerecht
daher, die Vögel fliegen umher, als wenn sie Schutz suchten.
... Der Winter mit seinem Einwärts ist jetzt über uns.
Man muss sich hinsetzen und denken.

Henry D. Thoreau

Hoffnung

Tröste dich, die Stunden eilen,
und was all dich drücken mag,
auch das Schlimmste kann nicht weilen,
und es kommt ein andrer Tag.

In dem ew'gen Kommen, Schwinden,
wie der Schmerz liegt auch das Glück,
und auch heitre Bilder finden
ihren Weg zu dir zurück.

Harre, hoffe. Nicht vergebens
zählest du der Stunden Schlag:
Wechsel ist das Los des Lebens,
und – es kommt ein andrer Tag.

Theodor Fontane

In gleicher Ausstattung sind erschienen:

Corinna Mühlstedt/Florian Werner
In dir liegt die Kraft
ISBN 3-451-27980-0

Brigitte Bohnhorst/Florian Werner
Jeder Morgen ein neuer Anfang
ISBN 3-451-28056-6

www.herder.de
Gesamtgestaltung und Konzeption: R·M·E
Roland Eschlbeck/Rosemarie Kreuzer
Satz: Uwe Stohrer, Freiburg
Herstellung: L.E.G.O. Olivotto S.p.A., Vicenza 2003
ISBN 3-451-28194-5